SMOOTHIES
Power for you!
yummy
mmh
EMF
0338564

SMOOTHIE Shakes

CREATISSIMO
EINFACH.SELBER.MACHEN.

Tanja Dusy
Fotos von
Klaus-Maria Einwanger

IMPRESSUM

Bibliografische Information der Deutschen Bibliothek.

Die Deutsche Bibliothek verzeichnet diese Publikation in der deutschen Nationalbibliografie. Detaillierte bibliografische Daten sind im Internet über http://www.d-nb.de/ abrufbar.

Die im Buch veröffentlichten Aussagen und Ratschläge wurden von Verfasserin und Verlag sorgfältig erarbeitet und geprüft. Eine Garantie für das Gelingen kann jedoch nicht übernommen werden, ebenso ist die Haftung der Verfasserin bzw. des Verlags und seiner Beauftragten für Personen-, Sach- und Vermögensschäden ausgeschlossen.

Die in diesem Buch enthaltenen Informationen, Anregungen und Ratschläge stellen die Meinung und Erfahrung der Autorin dar, basierend auf dem aktuellen Stand wissenschaftlicher Erkenntnisse. Sie wurden von der Verfasserin nach bestem Wissen und mit größter Sorgfalt recherchiert. Dennoch erfolgen alle Angaben ohne Gewähr und es kann keine Garantie übernommen werden. Das Buch kann eine persönliche Beratung oder kompetenten medizinischen Rat nicht ersetzen. Weder Autorin noch Verlag können für eventuelle Schäden oder Nachteile, die sich aus den im Buch enthaltenen Hinweisen ergeben, eine Haftung übernehmen. Jeder Leser und jede Leserin ist nach wie vor für das eigene Tun selbst verantwortlich.

EIN BUCH DER EDITION MICHAEL FISCHER

1. Auflage 2017

Covergestaltung: Bernadett Linseisen
Reihenlayout: Leeloo Molnár
Illustrationen und Satz: Pia von Miller
Produktmanagement und Lektorat: Annika Christof
Fotos: Klaus-Maria Einwanger, Rosenheim

ISBN 978-3-86355-681-5

Printed in Slovakia

www.emf-verlag.de

Die Grundlagen 4

REZEPTE

Rainbow Smoothie 6
Green Vanilla Sky 8
Erdnuss-Cookie-Shake 10
Minnie Minz 12
Beterosa 14
Santa Claus Apple Shake 16
Wandering Clouds 18
Little Rabbit 20
Lila Sause 22
Bubblegum 24
Pink Frog 26
Hot Summer 28
End of Summer 30
Shake the Kale 32
Mango-Lassi-Shake 34
Schneeweißchen & Erdbeerrot 36
Berry Pie 38
Blackforest-Cherry-Shake 40
Tropical Fresh 42
Bananoffee-Shake 44
Nussknacker-Shake 46

Über die Autorin ... 48

DIE GRUNDLAGEN

MIX & SHAKE

Smoothies gibt es heute in den unterschiedlichsten Varianten: von grün bis weiß, im Glas oder als (Frühstücks-) Bowl. Der neueste Trend: cremige Shakes mit jeder Menge Frucht, üppig verziert oder kunterbunt geschichtet.

GESUND GENIEßEN

Das erinnert an Kindertage: Man steht in der Eisdiele und kann sich kaum zwischen all den Köstlichkeiten in pastellig-zart bis knallig-bunt entscheiden. Noch schwieriger die Frage: Waffel, Becher oder das Eis lieber gleich in den Mixer, wo es zum cremigen Shake wird, wie man ihn aus der American-Milk-Bar kennt. Heute verkneift man sich solche Leckereien eher. Warum eigentlich? Mit Smoothie-Shakes aus (gefrorenen) Früchten werden süße Träume auf gesunde Art und Weise wahr. Nicht zuletzt, weil man weiß, was drinsteckt: Obst, mal Gemüse, Milch, Soja- oder Nussmilch und vor allem: kein Industriezucker.

SMOOTH & COOL

Damit Smoothie-Shakes schön cremig und nicht dünnflüssig werden, gibt es einen ebenso einfachen wie genialen Trick: Bestimmte Früchte wie Banane, Mango und Avocado sorgen an sich schon für eine dickliche Konsistenz. Noch „smoother" werden die Shakes allerdings, wenn man das Obst in gefrorener Form verwendet. Hier eignet sich z. B. jede der bereits tiefgekühlten und damit rund um das Jahr erhältlichen Beerensorten. Aber auch andere Früchte, bei denen man Reste (z. B. die übrig gebliebene halbe Banane) in Stücke geschnitten einfrieren kann, sind ideal. Mit wenig Flüssigkeit im Blender gemixt wird daraus eine eiscremeähnliche Masse – beste Grundlage für coole Smoothie-Shakes. Weitere tolle Smoothoperator sind Joghurt, Quark und andere cremige Milchprodukte. Sie sind leicht verdaulich, erfrischend und beste Eiweißquellen. Veganer können als Ersatz zu Produkten auf Soja- oder Nussbasis greifen.

GESUNDE SÜẞE

Nicht nur Kinder lieben die süßen Drinks in poppigen Farben. Auch für Erwachsene sind sie gesunde Nascherei und gleichzeitig sättigende Mahlzeit. Wer sie bewusst, z. B. als Frühstück, genießt, gönnt sich Süßes auf gesunde Art und Weise: Es wird bewusst wenig Süße verwendet und möglichst nur in Form von fruchteigenem Zucker, z. B. von Bananen oder Trockenfrüchten. Neben reichlich Obst wandert häufig auch Gemüse in die Drinks. Das bringt kalorienarme Vitalstoffe, ohne dass es allzu „grün" schmeckt – perfekt für Kids und Smoothie-Einsteiger.

SCHICHTARBEIT

Smoothie-Shakes sind aber vor allem auch etwas fürs Auge. Man kann sie ganz nach Lust und Laune mehr oder weniger verzieren: mit Beeren, Kakao-Nibs oder geriebener Schokolade, gehackten Nüssen und Kernen, die man ganz einfach über die fertigen Shakes streut.

Etwas aufwendiger, aber super effektvoll sind geschichtete Shakes, die als „Smoothie-Stacks" Furore machen. Dazu einfach zwei oder mehrere Schichten dickflüssiger Smoothies separat mixen und dann vorsichtig aufeinandergießen. Wer will, verrührt die Trennungslinie zwischen beiden Schichten mit einem langen Löffelstiel vorsichtig streifen- oder spiralförmig ineinander. So lassen sich immer wieder neue Looks kreieren! Auch toll: Einfach etwas dünnflüssiges Fruchtpüree oder Schokosoße oben auf den Drink träufeln.

SCHOKOSOẞE

Diese leckere Schokosoße lässt sich im Handumdrehen zubereiten. 250 ml Wasser mit 2 EL Kakaopulver, 1 Prise Salz und 1 TL gemahlenem Zimt aufkochen. Vom Herd nehmen, 200 g gehackte Zartbitterschokolade unterrühren und unter Rühren schmelzen lassen. Heiß in eine saubere, verschließbare Flasche füllen und abkühlen lassen. Im Kühlschrank hält sie sich, wenn sie nicht vorher vernascht wird, 1 Monat.

Rainbow Smoothie

Zugegeben: Die einzelnen Schichten zu mixen macht etwas Mühe, darum wird hier gleich ein bisschen mehr gemixt. Das Ergebnis: Kunterbunter Smoothie-Spaß, den man gerne mit Freunden teilen möchte!

ROT:
½ GEFRORENE BANANE IN SCHEIBEN
JE 50 G GEFRORENE HIM- UND ERDBEEREN
3–4 EL JOGHURT ODER SOJAJOGHURT
2–3 EL WASSER ODER ORANGENSAFT

ORANGE:
½ GEFRORENE BANANE IN SCHEIBEN
120 G GEFRORENE MANGO IN WÜRFELN
3–4 EL JOGHURT ODER SOJAJOGHURT
2–3 EL ORANGENSAFT

GELB:
1 GEFRORENE BANANE IN SCHEIBEN
150 G GEFRORENE ANANAS IN STÜCKEN
5–6 EL KOKOSMILCH

GRÜN:
1 GEFRORENE BANANE IN SCHEIBEN
100 G GEFRORENE ANANAS IN STÜCKEN
1 KLEINE HANDVOLL SPINAT
5–6 EL KOKOSMILCH

BLAU:
1 GEFRORENE BANANE IN SCHEIBEN
150 G GEFRORENE ANANAS IN STÜCKEN
5–6 EL KOKOSMILCH
2 EL GEFRORENE BROMBEEREN
¾ TL SPIRULINA-PULVER

VIOLETT:
½ GEFRORENE BANANE IN SCHEIBEN
120 G GEFRORENE HEIDELBEEREN
2–3 EL JOGHURT ODER SOJAJOGHURT
4-5 EL ORANGENSAFT

PINK:
½ GEFRORENE BANANE IN SCHEIBEN
90 G ROTE BETE IN STÜCKEN
50 G GEFRORENE HIMBEEREN
1 EL JOGHURT ODER SOJAJOGHURT
4–5 EL ORANGENSAFT

Green Vanilla Sky

Vanille oder Schokolade: Diese Frage beschäftigte uns schon zu Kindertagen in der Eisdiele. Fein, dass man sich bei diesem Smoothie nicht entscheiden muss – es gibt beides und dazu noch gesund!

1 KLEINE AVOCADO
2–3 TL AGAVENDICKSAFT
Mark von ½ Vanilleschote
300 ml Mandelmilch
3
Eiswürfel
20 g Zartbitterschokolade (mind. 70 % Kakaoanteil)
DIE OBEREN ZUTATEN MIXEN, DIE HÄLFTE DAVON INS GLAS GEBEN; DEN REST MIT DEN UNTEREN ZUTATEN MIXEN UND DARAUFGEBEN.
1 TL Kakaopulver
1 EL Kakao-Nibs zum Bestreuen

ERDNUSS-COOKIE-SHAKE

Deko: Schokosoße (siehe S. 5)

Kekse knabbern kann jeder. Aber den USA-Gebäckklassiker in einen Drink verwandeln ist wirklich clever: süß durch Dattel und Banane und dank Erdnussmus richtig schön „sticky".

1 TL Kakao-Nibs
1 GEFRORENE Banane in Scheiben
2 ½ EL ERDNUSSMUS
1/3 TL Zimtpulver
200 ml Mandel- oder Sojamilch
1 TL KAKAOPULVER
1
2
GETROCKNETE DATTELN

Minnie Minz

Der schmeckt richtig fein nach zarten Schoko-Minz-Blättchen. Da würde sicher keiner vermuten, dass frischer Spinat und Erbsen drinstecken – wer will, gibt noch Schokosoße darauf.

2 TL Kakao-Nibs
2–3 Zweige Pfefferminze
120 g TK-Erbsen
1 HANDVOLL BABY-SPINAT (50 G)
1 kleine Banane
100 ML WASSER

Beterosa

Sanft und zart kommt dieser Drink daher, hat es aber faustdick gesund in sich: Nicht rote, sondern rosa Ringelbete geben hier den Gemüsekick und rosa Look.

WER WILL:
4–5 ZERBRÖCKELTE TK-HIMBEEREN ZUM BESTREUEN

1 Spritzer Zitronensaft
150 g Ringel-Bete (Tonda da chioggia)
1 große gefrorene Banane in Scheiben
1 EL weißes Mandelmus
Mark von 1/3 Vanilleschote
1 EL Agavendicksaft (wer will)
180 ML WASSER

Santa Claus Apple Shake

Genau das Richtige in der kalten Jahreszeit: Apfel, Nuss und Mandelkern, herzerwärmender Zimt und dazu noch Preiselbeeren, die mit viel Vitamin C vor Grippe schützen.

50 G TK-PREISELBEEREN ODER CRANBERRYS
60 ml Mandelmilch
50 G GETROCKNETE MEDJOL-DATTELN
BEIDE SCHICHTEN VERZWIRBELN
½ TL ZIMTPULVER
1 großer Apfel
150 ml Mandelmilch

Wandering Clouds

Auf einer Sommerwiese liegen, den Wolken zuschauen, Schäfchen, Einhörner und Elfen sehen und dabei träumen ... Wie wär's da noch mit einem traumhaften Drink in pretty Pink?

100 ml
Mandelmilch
1 gefrorene Banane in Scheiben
WEISS IN ROT VERZWIRBELN
Mark von
1/3 Vanilleschote
125 G HIMBEEREN
1 EL
AGAVENDICKSAFT
1 kleine
ROTE
BETE
(90 g)
60 ML
WASSER

Little Rabbit

Hattu Möhrchen, hattu keine Probleme mit den Augen: Mit reichlich Vitamin A stärken sie die Sehkraft und heben in dieser Kombi die Laune – einfach zum Loshoppeln gut.

2 Messerspitzen gemahlener Kardamom zum Bestreuen

2 EL
LIMETTEN-
SAFT
1 EL Agavendicksaft
(wer will)
1½ EL
Kokosmus
1 Möhre (100 g)
1 ORANGE
(GESCHÄLT)
150 ml
Mandel-
milch

LILA SAUSE

Gönn dir öfter mal eine Pause mit der lila Sause. Oder genieße diese Sojaeiweiß-Bombe schon zum Frühstück: Sie ist leicht verdaulich, macht aber garantiert richtig lange schön satt.

20g TK-Heidelbeeren
2 EL AGAVENDICKSAFT
50 G ERDBEEREN
125 ml Sojamilch
1 halbe Banane
180 G SEIDENTOFU
1 Tl gemahlener Zimt
Mark von $\frac{1}{3}$ Vanilleschote
20g TK-Heidelbeeren

BUBBLEGUM

Fast zu schön zum Trinken – aber die ungewöhnliche Kombi aus Banane, Beeren und Basilikum sollte man nicht zu lange stehen lassen, weil sie einfach unverschämt gut schmeckt.

DEKO:
3 SCHÖNE HIMBEEREN UND 1 ZWEIGCHEN BASILIKUM

6 BASILIKUM-BLÄTTER
½ GEFRORENE BANANE IN SCHEIBEN
50 ML SOJADRINK
2 EL JOGHURT ODER KOKOSJOGHURT
½ GEFRORENE BANANE IN SCHEIBEN
50 ML SOJADRINK
2 gefrorene Erdbeeren
3 gefrorene Himbeeren

Pink Frog

Wer möchte schon Froschprinzen küssen – es sei denn sie hinterlassen einen derartig leckeren Geschmack auf den Lippen. Sei also kein Frosch und mix einfach in Pink und Froschgrün.

60 G GEFRORENE SAUERKIRSCHEN
1/2
gefrorene Banane in Scheiben
50 ML MANDEL-MILCH
6 BLÄTTER BASILIKUM
1 EL AGAVENDICKSAFT
50 ml Mandelmilch
120 G GEFRORENE ANANAS IN STÜCKEN
1 STANGE STAUDENSELLERIE

HOT SUMMER

Da wünscht man sich doch gleich 30 °C im Schatten am Pool: Mit sonnenreifen Aprikosen, Orange und Himbeeren schmeckt dieser Drink nach Urlaub und Süden.

125 g Himbeeren
1 EL HONIG ODER AGAVENDICKSAFT
1 EL CASHEWKERN-MUS
1 PFIRSICH
3 APRIKOSEN
Saft von 1 Orange

END OF SUMMER

Die letzten Sonnenstrahlen stecken noch in der Süße der Melone, die Brombeeren künden schon vom nahen Herbst – trotzdem, dieser Smoothie lässt garantiert keine Wehmut, sondern gute Laune aufkommen.

SAFT VON
1
ORANGE
Charentais-Melone
1/2
MARK VON 1/3 VANILLESCHOTE
60g TK-Brombeeren
1 EL HONIG
3 EL JOGHURT

Shake the Kale

Ohne Grünkohl geht heute bei Smoothies gar nichts mehr. Und wer hätte es gedacht: Das Superfood-Wunder macht auch im üppigen Shake eine überaus gute und gesunde Figur.

DEKO:
¼ TL GEMAHLENER ZIMT ZUM BESTÄUBEN

70 ML
SOJAMILCH
1 ½ GEFRORENE BANANEN IN SCHEIBEN
BEIDE SCHICHTEN
VERZWIRBELN
50 ML
WASSER
15 g
Grünkohl
1 EL
Erdnussmus
½ GEFRORENE BANANE
IN SCHEIBEN
2 getrocknete
Datteln

MANGO-LASSI-SHAKE

Eine echte Bollywood-Schönheit: fein gewürztes Joghurt mit saftiger Mango. Schmeckt und kühlt übrigens auch als Dessert nach einem heißen Curry.

MARK VON
1/3 VANILLESCHOTE
wer will:
1 EL
Agavendicksaft
4
Eiswürfel
1/2 TL GEMAHLENER KARDAMOM
1
REIFE
MANGO
(ca. 350 g)
Separat pürieren und als Streifen unter den Drink schichten
200 g
GRIECHISCHER
Joghurt

Schneeweisschen & Erdbeerrot

Der klassische Erdbeershake mal vegan, ganz ohne Milch, dafür im schlanken Streifenkostüm. Hier tummeln sich gleich drei Fruchtsorten und sorgen für feine Süße und ein super frisches Aroma.

125 ml
KOKOS-
MILCH
80 G
ERDBEEREN
(LEICHT ANPÜRIEREN)
MARK VON
1 VANILLESCHOTE
180 G gefrorene Ananas
in Stücken
1 EL
AGAVEN-
DICKSAFT
1
GEFRORENE
Banane
in Scheiben

Berry Pie

Himmlisch wie frisch gebackener Kuchen oder wie Kuchenteig, von dem man gerne zweimal nascht! Am besten gleich mit einem Löffel servieren und gaaanz langsam genießen.

70 ml
Sojamilch
1 KLEINE GEFRORENE
BANANE IN SCHEIBEN
6 Himbeeren
6 Erdbeeren
2 TL KAKAOPULVER
150 ml
Sojamilch
EINE
HALBE
AVOCADO
1/2 TL ZIMTPULVER
2
GETROCKNETE
Datteln

BLACKFOREST-CHERRY-SHAKE

232kcal

Schichtarbeit, wie beim Tortenvorbild. Allerdings ist der Shake wesentlich leichter und schön erfrischend – perfekt bei Sommerhitze unterm Kirschbaum.

DEKO:
2 EL SCHOKOSOßE **(SIEHE S. 5)**

1 TL ZITRONENSAFT
125 g Quark (20 oder 40 % Fett)
1 gefrorene Banane in Scheiben
4–5 EL MILCH
GEFRORENE SAUERKIRSCHEN
80 g
2–4 ML WASSER
WER WILL, ERSETZT DAVON 1–2 EL DURCH KIRSCHWASSER
1 EL KOKOSBLÜTENSIRUP

Tropical Fresh

Kennen Sie noch dieses herrlich zitronig-säuerliche Buttermilch-Eis? Hier kommt noch eine fruchtsatte, süße Komponente mit ins Spiel – schmeckt nach Sonne, Palmen und m(e)ehr …

GERIEBENE LIMETTENSCHALE UND 2 EL KOKOSRASPEL ZUM BESTREUEN

Schale von ½ Limette
120 ML BUTTERMILCH
½ GEFRORENE BANANE IN SCHEIBEN
60G GEFRORENE ANANAS IN STÜCKEN
2 EL LIMETTENSAFT
2 EL LIMETTENSAFT
½ MANGO
½ GEFRORENE BANANE IN SCHEIBEN
1 EL KOKOSMUS

BANANOFFEE-SHAKE

Der ist wirklich eine Sünde wert und ein tolles Dessert: Das süße Dattelpüree schmeckt herrlich nach Karamell und macht sich etwas mehr verdünnt auch mal prima als Soße.

5 GETROCKNETE MEDJOL-DATTELN (100 G)
PÜRIEREN MIT
2–4 EL WASSER
SWIRL
SHAKE
½ TL ZIMT
2½ GEFRORENE BANANEN IN SCHEIBEN
80 ML HAFERMILCH
1 KLEINER APFEL

NUSSKNACKER-SHAKE

Wie Schokopudding und Nugat zum Trinken: genau der richtige Drink als Seelentröster an Regenwetter-, Schlechte-Laune-, Alles-doof- und Ich-will-Schokolade-Tagen ...

Topping

EINE HAUBE AUS GESCHLAGENER KOKOSSAHNE & SCHOKOSOßE (SIEHE S. 5)

1 REIFE BIRNE
1 Banane
2 GETROCKNETE DATTELN
2 EL HASELNUSSMUS
1 EL KAKAO-PULVER
½ TL ZIMT
Saft von 1 Orange
2 EL Sojajoghurt

ÜBER DIE AUTORIN

Tanja Dusy fühlt sich am wohlsten, wenn es in der Küche richtig rundgeht. Viele Jahre lang arbeitete sie als Kochbuch-Redakteurin und konnte sich auch als Autorin einen Namen machen. Ihr Titel „Smoothie – Obst-Power im Glas" hat sich mittlerweile über 150 000-mal verkauft und gilt als Longseller unter den Smoothie-Büchern. Als Küchenprofi entwickelt Tanja Dusy Rezepte, die nicht nur verlässlich gelingen, sondern auch das besondere Etwas haben.